AF498341

LETTRE

D'un Lanterniste de Thoulouze, à l'Autheur du Ballet des Arts, representé sur le Theatre de l'O- pera.

Ous m'aviés prié, Monsieur, par deux Létres fort empressées de vous dire mon sentiment sur vôtre Balet du Triomfe des Arts: si j'ay diferé de répondre à la premiere, c'est que comme je tiens beaucoup de la franchise du Misantrope dont nôtre Academie Lanterniere fait une de ses principales vertus, je balançois de m'expliquer avec vous sur ce que j'en pense; Mais enfin puisque vous m'y forcés, je répons à celle que vous m'avés réiterée.

Ce ne sera point mon propre sentiment que je vous expliqueray je ne vous raporteray que ce qui se dit dans le monde, & ce que joüis à Paris lorsque j'y vis la premiere réprésentation de ce divertissement. Et comme sur ces sortes de matieres la voix publique doit être la régle

A

des jugemens particuliers, je croy que vous
souscrirés ingenûment aux observations que je
vais vous faire.

Je ne puis vous taire que l'on fronde ce Ballet depuis le commencement jusqu'à la fin, &
si vous ne me fournissés pas de meilleures rai-
sons que celles que vous proposés dans vôtre
Avertissement, je suis dans l'impossibilité de
vous justifier malgré toutes les bones inten-
tions que j'en ay; & tout ce que je puis, c'est
de vous exciter à profiter pour d'autres Ou-
vrages des remarques que je vais vous faire
sur celuy-cy.

Prenez en bone part un avis salutaire ;
Et si ma Critique sincere
Que vous auriez pû prevenir,
Pour le present ne sert de guere,
Elle vous servira peut-être à l'avenir.

Vous intitulés vôtre Piéce le Triomfe des
Arts, mais jamais titre n'a moins convenu à
son sujet, puisque ce ne sont point les Arts
que vous y faites triomfer, mais l'amour
dont vous vous servés pour abatre leur triomfe, & les métre dans l'impuissance de l'ope-
rer. Cet amour aféblit par tout leur gloire
au lieu de la relever, comme il a terni celle
des plus grans hommes. Et comment voudroit-
on que l'amour, qui est le fils de la molesse &
de l'oysiveté, & le pére de la débauche & de
la coruption, fût le principe de l'excelence
des Arts, qui demandent l'assiduité du travail, & un parfait dégagement d'esprit pour

ariver à céte excélence. En efet, s'il ne faloit qu'être amoureux pour devenir habile
dans un Art, comme ce Serrurier, dont l'a-
mour fit en un jour un des meilleurs Pein-
tres du monde, il faudroit affocier à l'A-
cademie de Venus toutes celles des Illuſtres
& des Virtueux, & réduire tous les Arts à
celuy dont Ovide a donné de ſi belles le-
çons. Ce ne font donc point les Arts que vous
conduiſés à leur triomfe; mais

Tout vôtre Art ſe réduit à l'Art d'aymer
  d'Ovide;
Et quand nous croyons voir triomfer en ce
  jour
    Vos beaux Arts que la Danſe guide,
    Nous voyons triomfér l'amour.

Apres céte petite remarque ſur le titre, il
faut que je vous ſuive pas à pas dans les
cinq Entrées qui compoſent vôtre Ballet,
pour vous en faire obſerver les defauts, &
pour eſſayer de vous coriger ſur ce que vous
avez fait en vous montrant ce que vous deviez faire.

L'on demande d'abord, pourquoy vous n'a-
vez point partagé par Scénes vôtre premiere
Entrée, puiſque toutes les autres le ſont? Il
me ſemble que vôtre Ballet en auroit été
mieux, & qu'une forme égale l'auroit rendu
plus régulier; mais paſſons à des obſerva-
tions qui ſont plus importantes.

PREMIERE ENTRE'E.

Je vois à la tête de céte Entrée le nom de *l'Architecture*. Mais je ne l'entens point parler, ni perfone pour elle. Il me paroît comme à tout le monde, qu'il auroit été à propos de luy faire un peu d'honeur du Temple élevé à Apollon, & que ceux qui l'avoient conftruit euffent chanté quelques Vers à la loüange de cet Art, au lieu de ne chanter que des Vers d'amour fans aucun raport à l'Architécture.

Vous auriez pû, par exemple, prométre à l'Architécture une gloire nouvéle de ce Temple, au lieu de faire dire contre le bon fens, qu'Apollon fe la promet. Je dis contre le bon fens, puis qu'un Dieu qui a fa gloire en luy-même, ne la tire point de l'ouvrage des hommes ; mais c'eft au contraire l'ouvrage humain qui tire fa gloire du Dieu auquel il a raport ; un Temple s'éleve à la gloire d'un Dieu, mais il ne fait pas la gloire de ce Dieu.

Mais une autre faute de bon fens, c'eft que ce Temple n'eft pas plutôt élevé par l'Architécture à la gloire d'Apollon, qu'une partie de fa decoration eft renverfée, & que Venus vient changer en amours les ftatuës qui en faifoient l'ornement. Y a-t-il rien de plus opofé au Triomfe de l'Architécture, que de voir Venus triomfer de fon ouvrage, le renverfer, & en changer la deftination.

L'on n'a pas même feulement blâmé céte action de Venus, comme contraire au but qu'exigeoit le fujet ; mais on s'eft recrié contre les Vers dont elle s'eſt ſervie , & dont l'Équivoque fait un galimatias incomprehenſible ; car que veulent dire ces deux Vers ?

Du Dieu des Arts ce Temple eſt le partage,
Apollon l'eſt moins que l'amour.

Qu'eſt-ce qu'Apollon eſt moins que l'amour ? Eſt-il moins le partage ? Eſt-il moins le Dieu des Arts ? Je comprens bien ce que l'Autheur a dû dire, mais il ne devoit pas nous laiſſer l'embaras d'une équivoque ; & comme ce n'eſt point à nous à luy ſervir d'interpréte dans ſes obſcuritez , il devoit les prevenir.

Apollon vient & cede ſans reſiſtance le Temple dont on vient de chanter qu'il atendoit une gloire nouvelle. C'eſt mal ſoutenir céte gloire, & ſuivre encore plus mal l'intention de l'Architecture qui n'avoit point fait ce chef-d'œuvre pour l'amour, & dont le triomfe devoit être l'objet de céte Entrée. Voyons ſi dans la ſuite elle en triomfe mieux.

Venus ayant débuſqué Apollon de ſon Temple, ordone une fête, elle apelle les plaiſirs, & veut que ces plaiſirs faſſent voir le triomfe des Arts. On s'y atend, mais au Diantre ſi on les voit paroître : Dites-moy de bone foy, Monſieur, qu'en avez-vous fait ? S'ils ne devoient point paroître , pourquoy les apeller ? Si on les apele, pourquoy ne pas venir ? Vous n'y penſés plus, & vous en revenés à l'amour, & point du tout aux Arts. Au lieu des plaiſirs , on voit un chœur d'Aydes à Maçons, moins remplis de leur Art que de l'amour qui les fait chanter à gorge déployée, & leur fait dire que cet amour les suit & poursuit jusque dans cet azile, comme si ce Temple étoit fait pour servir de rédés-vous aux comerces d'un amour à chaux & à ciment.

Un garçon de la feste vient ensuite se fourer là, pour chanter qu'on ne doit être sage que quand en est vieux, & que la raison ne sied point à la jeunesse. Vous concevez sans doute fort bien vous-même que des maximes d'une morale si peu propre a porter la jeunesse au travail, ne tendent en aucune maniere a établir le Triomfe des Arts, puisque c'est vouloir contre l'ordre même de Venus, établir le triomfe de l'amour coquet, sur le débris de la vertu & de la raison, qui seules peuvent conduire les Arts a leur perfection.

Apres ce valet de fête vous faites paroître une Grace seule, jusqu'icy je les avois veuës toûjours marcher toutes trois de compagnie, & je les crois inseparables, il faloit que celle-cy se fût égarée de ses deux autres sœurs, qui sans doute étoient en garouage avec les plaisirs que Venus avoit inutilement apelez. Quoy qu'il en soit, céte Grace seule, sans beaucoup s'inquieter du sujet dont il s'agit, done tête baissée dans l'amour, & chante que c'est luy seul qui peut nous aprendre le secret de vivre heureux. Mais pour comble d'absurdité, c'est qu'apres que Venus a inutilement apelé les plaisirs, quoy qu'ils ne paroissent point, elle ne laisse pas que de leur comander d'aller châger d'habit derriere le Theatre, c'est a dire de

ſe transformer pour la gloire des Arts, & d'a-
tirer les regars du ſpectateur par des jeux
plus nobles que le jeu d'amour, dont la Grace
venoit de faire l'éloge. Toute céte premiere
Entrée n'eſt donc qu'un cahos auſſi mal rangé
que celuy que decrit Ovide, & je déſirois bien
le plus habile débroüilleur d'y trouver un
ſens & de l'ordre.

Rien n'eſt tourné que par caprice,
Et toûjours pour parler d'amour.
Les Arts n'auront-ils point leur tour ?
D'un petit mot pour eux faites-nous la ju-
  ſtice,
Venés au fait, Monſieur, au fait,
L'amour vous a rempli de mille bagatelles,
Ne pouvés-vous voler ſi vous n'avez ſes aîles,
Ni vous doner un autre objet.

SECONDE ENTRÉE.

Si l'Architecture n'a point trouvé ſon triomſe dans la premiere Entrée, la Poéſie a bien
encore ſuccombé avec plus de honte dans la
ſeconde. Sappho, que céte Poéſie devoit rendre victorieuſe de tous les cœurs, n'y paroît
qu'en fole amoureuſe, mépriſée de Phaon, &
reduite a ſe deſeſperer.

Si vous apelez céte cataſtrophe un triomſe
de l'Art, pour moy je l'apelle une chute hon-
teuſe, qui n'opere rien moins que ce qui ſe
devoit faire ; vous croyés l'avoir reparée par
l'apotheoſe viſionnaire que vous avez imagi-
née, mais rien n'eſt plus mal couſu.

A iiij

En effet, a quoy bon la faire precipiter dans
la mer, pour la faire fauver par Neptune, qui
n'avoit aucune part dans fon intrigue amou-
reufe, & a qui l'on ne s'eft jamais avifé d'a-
tribuer aucun comerce avec le Parnaffe. Je ne
trouve point que depuis la mort de céte fai-
feufe de Vers, on ayt jamais compté plus de
Mufes qu'auparavant, elles ont toûjours été
au nombre d'un jeu de quilles, & céte di-
xiéme de la façon de Neptune, ou plutôt de
la vôtre, a été inconnuë a toute l'antiquité.
Si l'on a doné quelquefois le nom de Mufe
a Sappho, c'eft de la maniére qu'on a doné
celuy de Mars ou d'Hercule a de grans Guer-
riers, & celuy d'Apollon a des Poëtes. Mais
ce n'eft pas une raifon pour apotheofer Sappho, & pour groffir le Quillier du Parnaffe,

Vous la precipitez dans l'eau.
  Afin que Neptune l'en tirs:
Vous deviez luy prêter bien plûtôt un bateau,
Que d'en faire apres coup une Mufe pour rire.

Je voy bien que vous prétendés avoir pû
ufurper céte puiffance d'apotheofer par un
droit de bienfeance de Theatre : c'eft la mau-
vaife excufe que vous nous donez, & que le
public n'a point reçuë.

Le Theatre ne foufre pas
  Vne pareille Apotheofe,
Ovide puniroit vôtre Metamorphofe
  S'il étoit icy-bas.

L'on pouroit cependant vous la pardoner, si vous eussiez fait triompher la Poésie de vôtre Muse u lieu de la couler a fond : Mais examinons vos six Scénes , & vous avoüerez qu'il n'y a rien moins que le triomfe de ce bel Art, dans la destinée de vôtre Heroine.

Dans la premiere , elle se plaint d'aymer un ingrat. Dans la seconde , elle refuse l'esperance que sa confidente luy veut doner, & elle luy dit qu'elle meurt d'amour & de honte. Dans la troisiéme, elle reçoit une fausse prediction de la Prestresse de Venus, que vous faites mentir impudemment. Dans la quatriéme, Sappho flatée de céte fausse prediction , se persuade qu'elle va revoir son Amant plus amoureux que jamais Dans la cinquiéme, tout est renversé , & Sappho se voit abandonnée, trahie, sacrifiée a une rivale qui ne faisoit pas si bien qu'elle des Vers. Dans la sixiéme , elle va se precipiter dans la mer. Et la voila noyée.

Dites-moy de bonne foy, Monsieur, où vous trouvés-la le triomfe de la Poésie ? Y eut-il jamais une conduite de piece plus dereglée ni plus écartée de sa proposition ? Et qu'y trouve-t-on que la confusion , la honte & la mort de celle qui professe l'Art dont vous nous deviés le Triomfe ?

Il faloit bien plutôt que Sappho fût aymée,
Que pour elle Phaon méprisât tous les cœurs
Qui se seroient ofers à son ame charmée,
Et qu'il n'eut reconu que ses yeux pour vain-
queurs,

Elle auroit triomfé par céte preference,
Et le feu de ses Vers joint au feu de ses yeux
Eut fait voir la puiſſance
D'un amour ſoutenu du langage des Dieux.

La beauté du Vers éblouït quelquefois, & fait qu'on paſſe ſur les defauts de conduite & de jugement, ſi ceux que vous avés employés dans ce preten du Triomfe de la Poéſie avoient le caractere de ceux de l'Ode qui nous reſte de Sappho, je vous excuſerois ; mais je n'y trouve ni tendreſſe ni énergie, beaucoup de paroles ſans aucune penſée, & des fautes même juſque dans la declinaiſon, puiſque vous y joignés trois ſubſtantifs a un ſingulier.

Le jour, la nuit, le ſomeil même,
Ne peut m'en diſtraire un moment.

Sappho qui parloit corectement, auroit dit *ne peuvent*, & non pas *ne peut* ; c'eſt un ſoleciſme qui ne ſeroit pas pardonable a un ſixiéme. Mais je voudrois vous demander pourquoy Phaon apelle Sappho *cruelle*, quand trop ſenſible pour un ingrat, pour un perfide, elle court ſe noyer par un excés d'amour & de conſtance ? N'eſt-ce pas luy même qui eſt le cruel, le barbare, l'inhumain, d'avoir trahi la plus amoureuſe de toutes les filles ? Et ne deviez-vous pas luy faire dire plutôt:

Arétez, arétez, Amante trop fidéle.

Avoüez cependant que ce ſont les Vers de

céte Entrée qui ont le plus chatouillé vôtre propre complaisance, & que vous vous êtes aplaudi plus de quatre fois en les lisant. Mais je suis faché que le public ne les ait pas aplaudis de même, & qu'il n'y ait trouvé que des pensées si vieilles & si tournées & retournées qu'elles en sont usées. Rien de neuf, rien de vif, rien qui touche, rien qui surprenne.

TROISIÉME ENTRE'E.

Vous troussés en deux Scénes vôtre troisiéme Entrée, tant mieux; plus elle sera courte, moins il y aura de fautes; cependant l'on n'y en trouve que trop.

Nous voicy venus a la Musique, c'est où l'Opera devroit triomfer; mais céte Entrée rend la Musique aussi peu triomfante que la precedente avoit fait la Poësie infortunée.

Amphion fait en quatre Vers une courte priere a Jupiter, dans laquelle neanmoins il ne luy dit rien; & en même tems la Ville de Thebes s'éleve: ce n'est point un miracle de la Musique, c'est un miracle de la puissance de Jupiter.

Amphyon n'auroit-il pas mieux fait d'acorder sur sa Lyre des paroles qui auroient comandé aux pierres de le suivre, & de se ranger d'elles-mêmes a sa voix. Il faloît que ce fût au son melodieux de son chant & de son violon, que Thebes se bâtit, & non pas l'atribuer a l'éfet d'une priere faite a Jupiter

La Ville faite en quatre Vers, il ne luy en coute que six autres pour former un peuple

nombreux & poli de tous les Sauvages qu'il
rassemble, c'est établir sa courone & sa puissance a juste prix.

Quoyque les spectateurs se fussent fort peu
aperçus des charmes de la courte Musique
d'Amphion, Niobé ne laisse pas de dire que
ce sont des merveilles, & que jamais elle
n'a rien oüi de si doux ; elle témoigne une
grande surprise, & elle avoit raison ; qui est-ce
qui ne seroit pas étoné de se trouver en un in-
stant dans une grande Ville, & parmi un peuple nombreux de Sauvages policez en six Vers?

Mais le ridicule est, qu'Amphion pour achever d'ôter a la Musique son triomfe, dit a
Niobé que tous ces miracles qu'elle voit sont
l'éfet de ses beaux yeux : un Musicien doit-il
mentir avec tant d'impudence au prejudice de
la Musique, a laquelle toutes ces merveilles
devoient estre raportées, si vous vous fussiés
souvenu du sujet de vôtre piece ; mais vous
en êtes toûjours dehors.

Le souhait d'Amphion, que l'Empire de
Niobé s'étende par tout, & qu'il dure a jamais, est un peu Gascon pour une Souverai-
neté qui naissoit, & qui étoit bornée dans
les murs de Thebes. Mais que faites-vous répondre a Niobé, qu'elle n'a jamais été tou-
chée de la grandeur : la réponse est bien mo-
deste pour une femme qu'Ovide nous done
pour l'une des plus orgueilleuses qui fut jamais.
Mais elle ajoûte qu'elle n'est sensible qu'aux
plaisirs de l'amour, c'est le sentiment d'une
prostituée plutôt que d'une Reine.

Amphion ne se contente pas de faire pour

luy-même l'amour a Niobé , il le fait pour les
autres, en luy difant qu'il n'y a point de Sauvages qui puiffent l'être auprez d'elle : Voila
un mari bien comode & bien obligeant , qui
dit a fa femme que tous les hommes ont de
la tendreffe pour elle , & a tous les hommes que fa femme eft capable de donner de
l'amour.

Maris, ne fuivés pas cet exemple en ce jour,
Ne dites point que vos femmes font belles,
Tel qui n'y penfe pas le croiroit à fon tour,
*   Ayez toujours beaucoup d'amour,*
Mais gardez-vous d'en infpirer pour elles.

Ces fentimens de Niobé & d'Amphion ne
pouvoient pas manquer d'être fecondés des
Sauvages ; auffi fe déchaînent-ils fur l'amour,
en faifant par une morale nouvelle confifter
la felicité d'un cœur a n'avoir point d'autre
guide ni d'autre maître que fon penchant.
Avoüez que céte maniere d'aymer eft un peu
brutale pour des gens qui venoient d'être po-
licés. Ils pouvoient aymer en bêtes lorfqu'ils
étoient dans les bois & dans les cavernes ;
mais depuis leur police, ils devoient être un
peu délicats.

*   Vn amour d'avanture*
Qui fuit le feul panchant qu'infpire la nature,
*   Eft bon pour une groffe faim.*

Mais comme dit Mr Defpreaux , Calprene-
de & Juba parlent d'un même ton ; & les Au

theurs ne manquent jamais de peindre leurs propres caracteres dans ceux qu'ils donent à leurs perſonages.

On dit que Des Touches vous demande raiſon de ce que vous ne l'avez pas mis à la place d'Amphion ; car vous ſçavés qu'il a le plaiſir de croire qu'il eſt ſeul l'Amphion du ſiecle, il pretend qu'il auroit mieux ſoutenu que vôtre Grec l'excellence de la Muſique : pour moy j'ay répondu que ſi vous euſſiés voulu introduire des modernes ſur le Theatre, vous auriés fait paroître les ombres fameuſes de Lulli & de Lambert, couronés des plus beaux lauriers du Parnaſſe, & de la propre main d'Apollon. Tout ce qui auroit embaraſſé, c'eſt qu'il auroit falu qu'Anacreon eût prété ſon Bathille à Batiſte pour le métre à la place de Niobé.

Mais vous avés bien fait de ne pas mêler Lulli à vos Opera modernes, vous l'auriés fait vomir ſur la Scéne, de voir les petiteſſes ou l'œconomie de ceux qui gouvernent ſon Theatre, & qui l'ont livré en proye à la barbarie des *Lombards*, l'ont enfin réduit. En quelque lieu qu'il ſoit, il en rit bien ſous cappe, puiſque la miſere de ceux qu'on nous done rapéle ſouvent les ſiens.

Apres les petits Opera,
Dont au gré des Lombars Carſennius nous
berce,
Il faut avec Lulli qu'aucun n'égalera,
Toûjours entretenir comerce,
Le goût des ſiens ſe maintiendra,

Tant que la France durera,
Les autres vont à la renverse.

QUATRIE'ME ENTRE'E.

La gloire & le triomfe de la Peinture, font la matiere de vôtre quatriéme Entrée. La chofe n'étoit pas mal prife, d'introduire Campafpe, qui prefere le merite d'un illuftre Peintre à toute la grandeur d'Alexandre. Vous fentés bien que cela conduit droit à vôtre fujet? mais le malheur c'eft que vous avés mis fi mal en œuvre une matiere, qui d'elle-même étoit bien difpofée, que vous avés tout gâté.

En éfet, vous ne donés pas le tems à Apelle de foupirer, ni à Campafpe de fauver les aparences. A peine fe voyent-ils qu'ils fe declarent leur amour, avec tant d'imprudence qu'-Alexandre les furprend en flagrant delit. Bien leur en prit que ce Conquerant, qui avoit le vin Breton, ne fortoit pas de table; ils auroient eu fans doute le fort de Clytus. Cependant vous luy faites faire d'abord le Diable à quatre; mais tout d'un coup il s'apaife, & furmonte tout à la fois fa colere, fa vengeance & fon amour.

Le fujet eft beau, mais il demandoit tout un autre tour que celuy que vous luy avés doné, & que vous avés même rendu ridicule par la crainte qu'Alexandre dit avoir l, qu'il ne fe repente d'une action genereufe qu'il vient de faire : ce qui eft un fentiment bas & indigne de la vertu de ce Heros.

Quelle eſtime voulés-vous que l'on conçoive de vôtre Campaſpe, qui ſe jéte à la tête d'Apelle, ſans ſçavoir ſi elle en eſt aymée ou non. Je ſçais bien que céte maniere prévenante de faire l'amour eſt devenuë fort à la mode ; mais il faut du moins ſur le Theatre ſauver les aparences.

Céte façon d'aimer de Campaſpe & d'Apelle,
 Dans nôtre tems ſe renouvéle.
On épargne aux Amans aujourd'huy les ſou-
 pirs ;
 Mais vous donés une methode
 Pour prévenir juſqu'aux deſirs,
 Et vous avés mis à la mode
 D'établir un amour c_mode
 Qui comance par les plaiſirs.

Avoüez que vous faites joüer un vilain role à Campaſpe ; elle trahit Alexandre pour Apelle, ſans ſçavoir ſi ce Peintre l'aymie : vous croyés la juſtifier, en diſant qu'elle l'aymoit auparavant ; & c'eſt ce qui gâte tout, car ſi elle aymoit Apelle, pourquoy ſe donner à Alexandre ? Tant qu'elle fut à ce Monarque, elle faiſoit donc au Peintre une infidelité de cœur ; & tant qu'elle avoit de l'amour pour le Peintre, elle faiſoit de guet à pend une infidelité à Alexandre, on la prendroit pour une de cés chauveſouris de Venus, qui vont en empléte à la brune, qui ne ménagent rien, & qui ne gardent ni meſure ni decence.

Apelle

Apelle n'a qu'à se baisser & prendre,
Campaspe contre luy ne sçait point se dé-
fendre :
Il emporte son cœur sans l'avoir combatu ;
Ne fait-il pas grande proüesse
De triomfer de sa feblesse,
Sans triomfer de sa vertu.

Mais voicy de quelle maniere vous deviez conduire céte intrigue. Il faloit que Campaspe aymât Alexandre de bonne foy, & qu'elle n'eût d'abord que de l'estime pour Apelle. Que ce Peintre eût pris de l'amour pour elle en faisant son Portrait. Que son respect l'eût empêché de se declarer ; mais que la violence de cet amour secret l'eût jeté dans une langueur qui l'eût mis hors d'état d'achever ce Portrait ; qu'Alexandre se fût aperçu de céte contrainte & de sa passion ; que combatu par l'estime qu'il avoit pour Apelle, & par l'amour qu'il avoit pour Campaspe, il se fût enfin vaincu luy-même, & sacrifié son amour propre a l'estime de ce Peintre illustre, en luy cedant Campaspe. Que Campaspe eût resisté moins par la gloire d'être aymée d'Alexandre, que par l'amour tendre qu'elle avoit pour luy ; mais qu'enfin par un éfort de ce même amour, & par complaisance aux volontés genereuses de ce Monarque, elle se sacri- fiât a la violence qu'il se faisoit, & qu'enfin l'estime qu'elle avoit pour Apelle, fondée sur son merite & sur l'excellence de son Art, se changeât en un veritable amour.

Ce tour auroit concilié la bienseance, l'amour delicat, la generosité, le triomfe d'Apelle sur Campafpe & sur Alexandre, & celuy d'Alexandre sur soy-même, au lieu que vous rendés Apelle Temeraire, Campafpe Libertine, & Alexandre la Dupe de l'un & de l'autre, en déférant aux instances empreslées de deux Amans, qui par leur mauvaise conduite s'étoient rendus indignes de la grace qu'il leur acorde.

> Peut étre aussi que vous alés au fait,
> Et qu'Alexandre ayant quelqu'autre amour
>   en téte,
> Ne cherchois qu'un pretexte honéte
> Pour de Campafpe étre defait.
> Semblable à ces Amans qui las de leurs Mai-
>   tresses,
> Ou pressés de couvrir le fruit de leurs ca-
>   resses,
> Les placent à prix fait.

CINQUIEME ENTRE'E.

Voicy celle contre laquelle on s'est le plus ecrié, & dans laquelle vous n'avés point suivi les deux Fables que vous avés pretendu joindre.

Vous introduisés une Propétide amoureuse de Pygmalion a la fureur, & jalouze de sa Statuë; mais vous ne songés pas que dans le tems de l'avanture de ce Sculpteur, toutes les Propetides avoient été déja changées par

Venus en statuës de pierre.

Ces Propetides étoient des filles publiques de l'Isle de Cypre, qui se prostituoient avec une horible éfronterie : Coment donc avés-vous joint ces deux Fables, en ranimant une Propetide, & la faisant changer en rocher par Venus, qui ne pouvoit pas avoir oublié le changement qu'elle en avoit fait.

Si ce n'étoit comme vous le dites, que pour faire un contraste entre la fureur de la Propetide & la douceur de la statuë, il n'étoit point necessaire de courir a ce renversement de Fables, puisque tous les tems fournissent assés de rivales de l'humeur des Propetides.

Je veux bien cependant vous passer céte fiction ; mais je ne puis vous passer un defaut de jugement, qui est que s'agissant de faire triomfer la Sculpture & élever sa gloire dans Pygmalion, vous luy donés pour Amante une infame prostituée qui s'étoit abandonee a tous venans, & dont la vie scandaleuse luy avoit fait tant d'horreur, qu'il s'étoit résolu de jamais ne prendre de femmes.

Et ce n'est pas seulement Pygmalion que vous ofensés par la production de céte prostituée ; mais quel honeur faites vous a l'Opera, de la faire paroître sur son Théatre, & de la fauxfiler avec les chastes Vestales des Coulisses ? Je ne puis soufrir une Propetide dans leur compagnie, & je ne sçais pas coment elles n'ont poin fait de vous ce que les Ménades firent d'Orphée ? N'en produisés plus de pareilles sur ce Théatre, vous le corompriez a la fin, & vous y faites assés parler l'amour, fans qu'il faille encore en faciliter le comerce par un fi mauvais exemple. La compagnie même d'une Propetide eft terriblement dangereufe , & je ne fçais pas comment vous vous êtes tiré fain & fauf de fon comerce.

Gardez-vous de la Propetide
Tant que vous pourés , cher Odard,
Elle eft à craindre, elle eft perfide,
Pour peu que l'on y touche il en cuit tôt ou
    tard ,
Et fon trifte retour vous rabat chez Coifard.

Je ne m'etonne pas fi Pygmalion aymoit mieux fa ftatuë d'yvoire , il ne rifquoit point avec elle ; & s'il n'y avoit rien a gagner , il n'y avoit rien a craindre. Vôtre Propetide le folicite, le preffe, & veut a toute force s'en faire aymer ; elle remplit fort bien fon caractere, j en conviens ; mais Pygmalion n'avoit garde de doner dans une avanturiere qui fe jetoit a fa tête, & qui s'offroit a luy comme elle fe feroit oferte au plus crafleux de fes Aprantis.

Encore un coup , point de prife avec elles ,
  Les atteintes en font mortelles ;
Et par l'évenement on eft trop châtié,
Si par malheur le comerce eft lié,
  Dégagés-vous à tire d'ailes,
Et fortés quite apres avoir payé..

Revenons a Pygmalion , il étoit amoureux a la folie de fon ouvrage, je conois bien des

Poëtes comme luy. Il croyoit n'en avoir jamais veu de pareil, le Perigourdin en imagine autant de son Athenais. C'étoit une statuë à laquelle il ne manquoit que la parole, Venus eut la bonté de l'animer, & Pygmalion se paya bien-tôt par ses mains du prix de son ouvrage Il devoit estre content, puisqu'il s'étoit fait luy-même une femme comme il la vouloit, & qu'il l'avoit dressée à sa phantaisie.

> *Il en est bien qui voudroient comme luy*
> *Se faire une femme parfaite ;*
> *Mais il faut les prendre aujourd'huy*
> *Telles qu'on les done à l'emplete,*
> *Rarement pour soy seul, & souvent pour autruy.*

Vous avés fort bien fait de faire tomber le poignard de la main de la Propetide, au moment qu'elle se veut tuer. Car ces sortes de Lucresses ne se poignardent gueres tout de bon. Mais apres les imprecations impies qu'elle fait contre Venus, pourquoy luy donés-vous de la pitié pour céte infame ? Et avec quel galimatias Venus explique-t-elle céte pitié ?

> *J'ay pitié de sa prine, & par son changement*
> *Je veux vanger ma gloire, & finir son tourment.*

Coment acordez-vous deux choses si opofées ? Si Venus veut vanger sa gloire , elle ne doit point avoir de pitié : Et si elle la change en rocher , dans la veuë de finir son tourmen: , ce n'est plus vanger sa gloire. A-cordez-vous , je ne comprens rien à vôtre penfée.

Mais dequoy Diantre vous étes-vous avifé , de faire faire le rôle de cette Propetide à Mademoifelle Defmâtins ? Ce perfonage ne luy convient point ; & quoy qu'elle furpaffe toutes les autres par la beauté & la douceur de fon chant , il y en a d'autres qui fe feroient aquitées mieux qu'elle d'un Role de Propetide. J'ay été même indigné de luy voir faire le perfonage de Sappho qui n'est point aymée , puifque vous fçavés qu'on ne peut voir ni oüir céte aymable Chanteufe fans en être fenfiblement touché. Je veux bien qu'elle faffe Niobé , & qu'on la couronne ; mais pour en faire une Propetide je m'y opofe , & bien d'autres que moy ne l'aprouveront pas.

OBSERVATIONS PARTICULIERES.

Vous dites pour vous difculper , que fi vous avés parlé de l'amour d'une maniere fi dévergondée, c'eft qu'à quelque prix que ce foit vous avés voulu iutereffer le fpectateur. Et vous pretendez que rien ne l'intereffe plus que de rendre toutes vos creatures amoureufes à la folie. C'eft fur ce principe que vous faites courir Sappho apres Phaon, comme une chienne chaude , que

Niobé avouë n'être fenfible qu'aux plaifirs de l'amour, que Campafpe n'écoute ni gloire, ni raifon, ni bienféance. Que la ftatuë n'a pas plutôt ouvert la bouche, qu'elle dit à Pygmalion qu'elle l'adore. Et qu'enfin tout devient Propetide fous vôtre main.

Eft ce le moyen d'interefler les honêtes femmes, & les hommes qui ont de la delicatefle & du bon goût? Vous ne plairés qu'aux Propetides, & vous ne donerés à nos Galans qu'un intereft de paffade. La dificulté anime, la refiftance engage, & l'on méprife la conquefte d'une place qui ne coûte que la peine de fe prefenter pour en voir la porte ouverte.

Je vous repete donc, qu'on n'interefle point par un amour éfronté. Mais depuis que Carfennius a foumis fon Théatre à la domination Lombarde, l'Opera eft tombé dans la bagatelle & dans la niaiferie, & ne s'en relevera jamais que par des pieces qui joindront le pompeux, le magnifique, & l'heroïque à l'enjoüé & au divertiflant. Il en faut revenir aux Thefées, aux Alceftes, aux Phaetons, & aux Rolans, les fadaifes populaires échouront toujours en Opera, Il y faut du grand, morbleu, du grand, & laifler là le badinage qui corrompt & qui énerve l'efprit.

Vous terminés vôtre piece par un Ballet où vous faites entrer les Arts conduits par la Danfe dont vous ne dites pas un mot. Peut-être avez vous raifon, & vous faites mieux de vous en repofer fur Pecour, qui la fait briller avec éclat.

Il eſt l'ame de vos Balets,
Et de l'Opera le mobile,
Mais Ciel! que de coups de ſiflets,
Si la Danſe ſouvent ne calmoit nôtre bile!

Mais faloit-il rendre les Arts les valets de céte fête, pour n'y parler que d'amour ? J'atendois que du moins la derniere Scéne fit éclater le Triomphe des Arts que vous prometiez ; mais vôtre piéce m'a fait ſouvenir de cet Avocat dans Martial, qui ayant à plaider pour trois chévres, conſuma l'Audiance, à parler de la bataille de Cannes & de la guerre de Mitridate ; en ſorte que comme on étoit prêt de ſortir, ſon bonhomme de Client le tira par la manche, & luy dit : De grace, Monſieur l'Avocat, pour mon argent un pauvre petit mot de mes trois chévres. Et vous, Monſieur Odard. Pour nôtre argent un pauvre petit mot à la gloire & au triomfe des Arts. Vôtre Matelot ne dit rien de la navigation, vôtre Payſan pas un mot de l'Agriculture, l'Aſtrologie s'y détruit plutôt que d'y établir ſa gloire ; elle défend de conſulter les Cieux, & veut que l'avenir ſoit conſulté dans les yeux de l'objet aymé, ſouvent plus trompeurs que les Planétes.

Deux beaux yeux ne ſont point des Aſtres
infaillibles
De leurs brillans trompeurs le faux éclat ſé-
duit,
Et dans des abimes terribles

Il nous atire & nous conduit ;
En un jour nous voyons s'éclipser leur lumiere,
L'avenir qu'on y cherche est toûjours incer-
   tain,
   Le passé s'y rapéle en vain,
Et le present s'échape en un clin de paupiere.

Mais comme céte morale n'est pas de vôtre goût, il ne faut pas la pousser plus loin.

Mais permétés - moy de vous demander pourquoy vous n'avez point produit la Medecine sur vôtre Scéne ? Il me semble que ce bel art n'étoit point à negliger, les Purgons pouroient bien vous en punir : & si jamais la Propetide vous comble de ses liberalitez, Esculape est assés vindicatif pour empécher que Mercure ne vienne à vôtre secours.

Vous avés tiré l'idée de vôtre Balet de celuy que Monsieur de Benserade fit autrefois sous le nom de Balet des Arts : ce genie délicat y fit triomfer la Medecine, comme Monsieur de la Grille y fit triomfer la Musique ; Pourquoy avés-vous fait une si méchante copie d'un bon original ?

J'entens que vous me dites que vous auriez eu de la peine à faire parler d'amour la Medecine ; que tout ce qui ne conduit pas vos Vers aux mouvemens emportez de céte passion, ne vous acomode point, & que vous n'avés point trouvé dans les Metamorphoses que jamais Esculape soit entré dans les intrigues amoureuses. Mais au defaut de l'amour de ce Dieu, ne pouviez - vous pas

faîre triomfer la Medecine dans Esculape
tiré d'Epidaure par les Romains, pour les
foulager d'une cruelle contagion , ou par
fa naiffance tirée des amours de Coronis
& d'Apollon ?

Tout pezê tout confideré,
Purgon ne vous fçait point bon gré
D'avoir laißé la Medecine,
Et dit qu'elle a dans fes chams fpacieux
Et plus d'un fimple & plus d'une racine
Pour le mal de vos fébles yeux.

Mais je m'aperçoy que ma Létre devient
trop longue, ce n'eft point ma faute, pourquoy m'avez-vous fourni tant de matiere ?
vous m'avés demandé mon fentiment , je
vous l'ay dit avec toute l'ingénuité d'un franc
Lanternifte, Mais ne vous en chagrinés
point. Le Balet permet bien des libertés
que ne permettroit pas une piéce reguliere-
re, il y plus d'ignorans que d'habiles gens
dans le monde : & fi les bons conoiffeurs
vous frondent , ceux que la bagatelle di-
vertit plus qu'un ferieux agréable & fubli-
me pourront prendre vôtre clinquant pour
de l'or.

D'ailleurs, on peut quelquefois hazarder
des fotifes fur un Théatre , où les fautes
font fouvent couvertes par les Danfes, les
décorations, les habits , & le refte de l'a-
pareil qui amufe les yeux , & qui empéche
l'efprit de refléchir & de juger du veritable
merite d'une piece. Un habit propre & ma-

gnifique, fait de loin paſſer a la montre une
laide femme ſur laquelle on n'atache pas
ſes yeux avec attention ; je me perſuade que
c'eſt ſur cela que vous aviez fondé l'eſpoir
du ſuccés de vôtre Balet, j'ay un veritable
déplaiſir qu'il n'ait pas réuſſi ; mais il faut
tâcher de faire mieux une autre fois, ou ne
s'en plus mêler.

Il eſt tems de fermer ma Létre,
Et de l'envoyer au Facteur ;
Je n'ay plus que deux mots à métre,
Serviteur à l'Operateur.

Dom Henriques Guiſcardi ,
Lanterniſte de Thoulouze,